TRANZLATY

El idioma es para todos

השפה מיועדת לכולם

La Bella y la Bestia

היפה והחיה

Gabrielle-Suzanne Barbot de Villeneuve

Español / עברית

Copyright © 2025 Tranzlaty
All rights reserved
Published by Tranzlaty
ISBN: 978-1-80572-079-9
Original text by Gabrielle-Suzanne Barbot de Villeneuve
La Belle et la Bête
First published in French in 1740
Taken from The Blue Fairy Book (Andrew Lang)
Illustration by Walter Crane
www.tranzlaty.com

Había una vez un rico comerciante
פעם היה סוחר עשיר
Este rico comerciante tuvo seis hijos.
לסוחר העשיר הזה היו שישה ילדים
Tenía tres hijos y tres hijas.
היו לו שלושה בנים ושלוש בנות
No escatimó en gastos para su educación
הוא לא חסך בעלות עבור החינוך שלהם
Porque era un hombre sensato
כי הוא היה אדם בעל הגיון
pero dio a sus hijos muchos siervos
אבל הוא נתן לילדיו משרתים רבים
Sus hijas eran extremadamente bonitas
הבנות שלו היו יפות במיוחד
Y su hija menor era especialmente bonita.
ובתו הצעירה הייתה יפה במיוחד
Desde niña ya admiraban su belleza
בילדותה היופי שלה כבר זכה להערצה
y la gente la llamaba por su belleza
ויקרא לה העם ביופיה
Su belleza no se desvaneció a medida que envejecía.
יופיה לא דעך ככל שהתבגרה
Así que la gente seguía llamándola por su belleza.
אז האנשים המשיכו לקרוא לה לפי יופיה
Esto puso muy celosas a sus hermanas.
זה גרם לאחיותיה לקנא מאוד
Las dos hijas mayores tenían mucho orgullo.
לשתי הבנות הגדולות הייתה מידה רבה של גאווה
Su riqueza era la fuente de su orgullo.
עושרם היה מקור הגאווה שלהם
y tampoco ocultaron su orgullo
והם גם לא הסתירו את גאוותם
No visitaron a las hijas de otros comerciantes.
הם לא ביקרו את בנותיהם של סוחרים אחרים
Porque sólo se encuentran con la aristocracia.
כי הם נפגשים רק עם אריסטוקרטיה
Salían todos los días a fiestas.
הם יצאו כל יום למסיבות

bailes, obras de teatro, conciertos, etc.
נשפים ,הצגות ,קונצרטים וכדומה
y se rieron de su hermana menor
והם צחקו על אחותם הצעירה
Porque pasaba la mayor parte del tiempo leyendo
כי היא בילתה את רוב זמנה בקריאה
Era bien sabido que eran ricos
זה היה ידוע שהם עשירים
Así que varios comerciantes eminentes pidieron su mano.
אז כמה סוחרים בולטים ביקשו את ידם
pero dijeron que no se iban a casar
אבל הם אמרו שהם לא הולכים להתחתן
Pero estaban dispuestos a hacer algunas excepciones.
אבל הם היו מוכנים לעשות כמה חריגים
"Quizás podría casarme con un duque"
"אולי אוכל להתחתן עם דוכס "
"Supongo que podría casarme con un conde"
"אני מניח שאוכל להתחתן עם רוזן "
Bella agradeció muy civilizadamente a quienes le propusieron matrimonio.
יופי הודתה באדיבות רבה לאלה שהציעו לה נישואים
Ella les dijo que todavía era demasiado joven para casarse.
היא אמרה להם שהיא עדיין צעירה מכדי להתחתן
Ella quería quedarse unos años más con su padre.
היא רצתה להישאר עוד כמה שנים עם אביה
De repente el comerciante perdió su fortuna.
בבת אחת איבד הסוחר את הונו
Lo perdió todo excepto una pequeña casa de campo.
הוא איבד הכל מלבד בית כפרי קטן
Y con lágrimas en los ojos les dijo a sus hijos:
ויאמר לילדיו בעיניים דמעות :
"Tenemos que ir al campo"
"אנחנו חייבים ללכת לכפר "
"y debemos trabajar para vivir"
"ועלינו לעבוד למחייתנו "

Las dos hijas mayores no querían abandonar el pueblo.
שתי הבנות הגדולות לא רצו לעזוב את העיר
Tenían varios amantes en la ciudad.
היו להם כמה אוהבים בעיר
y estaban seguros de que uno de sus amantes se casaría con ellos
והם היו בטוחים שאחד ממאהביהם יתחתן איתם
Pensaban que sus amantes se casarían con ellos incluso sin fortuna.
הם חשבו שהמאהבים שלהם יתחתנו איתם גם בלי הון
Pero las buenas damas estaban equivocadas.
אבל הגברות הטובות טעו
Sus amantes los abandonaron muy rápidamente
האוהבים שלהם נטשו אותם מהר מאוד
porque ya no tenían fortuna
כי לא היה להם יותר הון
Esto demostró que en realidad no eran muy queridos.
זה הראה שהם לא ממש אהבו
Todos dijeron que no merecían compasión.
כולם אמרו שלא מגיע להם שירחמו עליהם
"Nos alegra ver su orgullo humillado"
"אנחנו שמחים לראות את גאוותם מושפלת"
"Que se sientan orgullosos de ordeñar vacas"
"תנו להם להיות גאים בחליבת פרות"
Pero estaban preocupados por Bella.
אבל הם דאגו ליופי
Ella era una criatura tan dulce
היא הייתה יצור כל כך מתוק
Ella hablaba tan amablemente a la gente pobre.
היא דיברה כל כך בחביבות לאנשים עניים
Y ella era de una naturaleza tan inocente.
והיא הייתה בעלת אופי תמים כל כך
Varios caballeros se habrían casado con ella.
כמה ג'נטלמנים היו מתחתנים איתה
Se habrían casado con ella aunque fuera pobre
הם היו מתחתנים איתה למרות שהיא הייתה ענייה
pero ella les dijo que no podía casarlos

אבל היא אמרה להם שהיא לא יכולה להתחתן איתם
porque ella no dejaría a su padre
כי היא לא תעזוב את אביה
Ella estaba decidida a ir con él al campo.
היא הייתה נחושה ללכת איתו לכפר
para que ella pudiera consolarlo y ayudarlo
כדי שתוכל לנחם ולעזור לו
La pobre belleza estaba muy triste al principio.
היופי המסכן היה צער מאוד בהתחלה
Ella estaba afligida por la pérdida de su fortuna.
היא התאבלה על אובדן הונה
"Pero llorar no cambiará mi suerte"
"אבל בכי לא ישנה את מזלי"
"Debo intentar ser feliz sin riquezas"
"אני חייב לנסות לשמח את עצמי בלי עושר"
Llegaron a su casa de campo
הם הגיעו לביתם הכפרי
y el comerciante y sus tres hijos se dedicaron a la agricultura
והסוחר ושלושת בניו התעסקו בבעלות
Bella se levantó a las cuatro de la mañana.
היופי עלה בארבע לפנות בוקר
y se apresuró a limpiar la casa
והיא מיהרה לנקות את הבית
y se aseguró de que la cena estuviera lista
והיא דאגה שארוחת הערב תהיה מוכנה
Al principio encontró su nueva vida muy difícil.
בהתחלה היא מצאה את חייה החדשים קשים מאוד
porque no estaba acostumbrada a ese tipo de trabajo
כי היא לא הייתה רגילה לעבודה כזו
Pero en menos de dos meses se hizo más fuerte.
אבל תוך פחות מחודשיים היא התחזקה
Y ella estaba más sana que nunca.
והיא הייתה בריאה יותר מאי פעם
Después de haber hecho su trabajo, leyó
אחרי שסיימה את עבודתה היא קראה
Ella tocaba el clavicémbalo

היא ניגנה בצ'מבלו

o cantaba mientras hilaba seda

או שהיא שרה בזמן שהיא סובבה משי

Por el contrario, sus dos hermanas no sabían cómo pasar el tiempo.

להיפך, שתי אחיותיה לא ידעו איך לבלות את זמנן

Se levantaron a las diez y no hicieron nada más que holgazanear todo el día.

הם קמו בעשר ולא עשו דבר מלבד להתעצל כל היום

Lamentaron la pérdida de sus hermosas ropas.

הם קוננו על אובדן בגדיהם המשובחים

y se quejaron de perder a sus conocidos

והם התלוננו על איבוד מכריהם

"Mirad a nuestra hermana menor", se dijeron.

"תסתכל על אחותנו הצעירה", הם אמרו זה לזה

"¡Qué criatura tan pobre y estúpida es!"

"איזה יצור מסכן וטיפש היא"

"Es mezquino contentarse con tan poco"

"זה כואב להסתפק בכל כך מעט"

El amable comerciante tenía una opinión muy diferente.

הסוחר החביב היה בדעה אחרת לגמרי

Él sabía muy bien que Bella eclipsaba a sus hermanas.

הוא ידע היטב שהיופי עלה על אחיותיה

Ella los eclipsó tanto en carácter como en mente.

היא עלתה עליהם באופי וגם בנפש

Él admiraba su humildad y su arduo trabajo.

הוא העריץ את הענווה שלה ואת עבודתה הקשה

Pero sobre todo admiraba su paciencia.

אבל יותר מכל הוא העריץ את סבלנותה

Sus hermanas le dejaron todo el trabajo por hacer.

אחיותיה השאירו לה את כל העבודה לעשות

y la insultaban a cada momento

והם העליבו אותה בכל רגע

La familia había vivido así durante aproximadamente un año.

המשפחה חיה כך במשך כשנה

Entonces el comerciante recibió una carta de un contable.
ואז הסוחר קיבל מכתב מרואה חשבון

Tenía una inversión en un barco.
היתה לו השקעה בספינה

y el barco había llegado sano y salvo
והספינה הגיעה בשלום

Esta noticia hizo que las dos hijas mayores se volvieran locas.
החדשות שלו הפכו את ראשן של שתי הבנות הגדולות

Inmediatamente tuvieron esperanzas de regresar a la ciudad.
מיד היו להם תקוות לחזור לעיר

Porque estaban bastante cansados de la vida en el campo.
כי הם היו די עייפים מחיי הכפר

Fueron a ver a su padre cuando él se iba.
הם הלכו אל אביהם כשהוא עזב

Le rogaron que les comprara ropa nueva
הם הפצירו בו שיקנה להם בגדים חדשים

Vestidos, cintas y todo tipo de cositas.
שמלות ,סרטים וכל מיני דברים קטנים

Pero Bella no pedía nada.
אבל היופי לא ביקש כלום

Porque pensó que el dinero no sería suficiente.
כי היא חשבה שהכסף לא יספיק

No habría suficiente para comprar todo lo que sus hermanas querían.
לא יספיק לקנות את כל מה שאחיותיה רצו

- ¿Qué te gustaría, Bella? -preguntó su padre.
"מה היית רוצה ,יופי "?שאל אביה

"Gracias, padre, por la bondad de pensar en mí", dijo.
"תודה לך ,אבא ,על הטוב לחשוב עלי ",היא אמרה

"Padre, ten la amabilidad de traerme una rosa"
"אבא ,היה כל כך נחמד להביא לי ורד "

"Porque aquí en el jardín no crecen rosas"
"כי לא צומחים כאן ורדים בגינה "

"y las rosas son una especie de rareza"

"וורדים הם סוג של נדירות "

A Bella realmente no le importaban las rosas

ליופי לא ממש אכפת מוורדים

Ella solo pidió algo para no condenar a sus hermanas.

היא רק ביקשה משהו כדי לא לגנות את אחיותיה

Pero sus hermanas pensaron que ella pidió rosas por otros motivos.

אבל אחיותיה חשבו שהיא ביקשה ורדים מסיבות אחרות

"Lo hizo sólo para parecer especial"

"היא עשתה את זה רק כדי להיראות ספציפית "

El hombre amable continuó su viaje.

האיש החביב יצא למסעו

pero cuando llego discutieron sobre la mercancia

אבל כשהוא הגיע הם התווכחו על הסחורה

Y después de muchos problemas volvió tan pobre como antes.

ואחרי הרבה צרות חזר עני כמו קודם

Estaba a un par de horas de su propia casa.

הוא היה בתוך כמה שעות מהבית שלו

y ya imaginaba la alegría de ver a sus hijos

והוא כבר דמיין את השמחה לראות את ילדיו

pero al pasar por el bosque se perdió

אבל כשעבר ביער הוא הלך לאיבוד

Llovió y nevó terriblemente

ירד גשם וירד שלג נורא

El viento era tan fuerte que lo arrojó del caballo.

הרוח הייתה כל כך חזקה שהפילה אותו מסוסו

Y la noche se acercaba rápidamente

והלילה הגיע במהירות

Empezó a pensar que podría morir de hambre.

הוא התחיל לחשוב שהוא עלול לגווע ברעב

y pensó que podría morir congelado

והוא חשב שהוא עלול לקפוא למוות

y pensó que los lobos podrían comérselo

והוא חשב שזאבים יכולים לאכול אותו

Los lobos que oía aullar a su alrededor

הזאבים ששמע מייללים סביבו

- 7 -

Pero de repente vio una luz.

אבל פתאום הוא ראה אור

Vio la luz a lo lejos entre los árboles.

הוא ראה את האור מרחוק מבעד לעצים

Cuando se acercó vio que la luz era un palacio.

כשהתקרב הוא ראה שהאור הוא ארמון

El palacio estaba iluminado de arriba a abajo.

הארמון היה מואר מלמעלה למטה

El comerciante agradeció a Dios por su suerte.

הסוחר הודה לאלוהים על מזלו

y se apresuró a ir al palacio

והוא מיהר אל הארמון

Pero se sorprendió al no ver gente en el palacio.

אבל הוא הופתע שלא ראה אנשים בארמון

El patio estaba completamente vacío.

חצר בית המשפט הייתה ריקה לגמרי

y no había señales de vida en ninguna parte

ולא היה סימן חיים בשום מקום

Su caballo lo siguió hasta el palacio.

הסוס שלו הלך אחריו לתוך הארמון

y luego su caballo encontró un gran establo

ואז הסוס שלו מצא אורווה גדולה

El pobre animal estaba casi muerto de hambre.

החיה המסכנה הייתה כמעט רעב

Entonces su caballo fue a buscar heno y avena.

אז הסוס שלו נכנס למצוא חציר ושיבולת שועל

Afortunadamente encontró mucho para comer.

למרבה המזל הוא מצא הרבה מה לאכול

y el mercader ató su caballo al pesebre

והסוחר קשר את סוסו לאבוס

Caminando hacia la casa no vio a nadie.

כשהלך לעבר הבית לא ראה איש

Pero en un gran salón encontró un buen fuego.

אבל באולם גדול מצא אש טובה

y encontró una mesa puesta para uno

ומצא שולחן ערוך לאחד

Estaba mojado por la lluvia y la nieve.

הוא היה רטוב מהגשם והשלג

Entonces se acercó al fuego para secarse.

אז הוא התקרב למדורה להתייבש

"Espero que el dueño de la casa me disculpe"

"אני מקווה שאדון הבית יסלח לי "

"Supongo que no tardará mucho en aparecer alguien"

"אני מניח שלא ייקח הרבה זמן עד שמישהו יופיע "

Esperó un tiempo considerable

הוא חיכה זמן לא מבוטל

Esperó hasta que dieron las once y todavía no venía nadie.

הוא חיכה עד שהכה אחת עשרה, ועדיין איש לא הגיע

Al final tenía tanta hambre que no podía esperar más.

לבסוף הוא היה כל כך רעב שלא יכול היה לחכות יותר

Tomó un poco de pollo y se lo comió en dos bocados.

הוא לקח קצת עוף ואכל אותו בשתי פיות

Estaba temblando mientras comía la comida.

הוא רעד בזמן שאכל את האוכל

Después de esto bebió unas copas de vino.

אחרי זה שתה כמה כוסות יין

Cada vez más valiente, salió del salón.

הוא הפך לאמיץ יותר והוא יצא מהאולם

y atravesó varios grandes salones

והוא חצה כמה אולמות מפוארים

Caminó por el palacio hasta llegar a una cámara.

הוא הלך דרך הארמון עד שנכנס לחדר

Una habitación que tenía una cama muy buena.

חדר שהיה בו מיטה טובה מאוד

Estaba muy fatigado por su terrible experiencia.

הוא היה עייף מאוד מהניסיון שלו

Y ya era pasada la medianoche

והשעה כבר עברה אחרי חצות

Entonces decidió que era mejor cerrar la puerta.

אז הוא החליט שעדיף לסגור את הדלת

y concluyó que debía irse a la cama

והוא הסיק שעליו ללכת לישון

Eran las diez de la mañana cuando el comerciante se despertó.

השעה הייתה עשר בבוקר כשהתעורר הסוחר
Justo cuando iba a levantarse vio algo
בדיוק כשהוא עמד לקום הוא ראה משהו
Se sorprendió al ver un conjunto de ropa limpia.
הוא נדהם לראות סט בגדים נקי
En el lugar donde había dejado su ropa sucia.
במקום שבו השאיר את בגדיו המלוכלכים
"Seguramente este palacio pertenece a algún tipo de hada"
"אין ספק שהארמון הזה שייך לאיזו פיה"
"Un hada que me ha visto y se ha compadecido de mí"
"פיה שראתה וריחמה עלי"
Miró por una ventana
הוא הביט דרך חלון
Pero en lugar de nieve vio el jardín más delicioso.
אבל במקום שלג הוא ראה את הגן המענג ביותר
Y en el jardín estaban las rosas más hermosas.
ובגן היו הוורדים היפים ביותר
Luego regresó al gran salón.
לאחר מכן חזר לאולם הגדול
El salón donde había tomado sopa la noche anterior.
האולם שבו אכל מרק בלילה הקודם
y encontró un poco de chocolate en una mesita
והוא מצא קצת שוקולד על שולחן קטן
"Gracias, buena señora hada", dijo en voz alta.
"תודה, גברתי פיה הטובה", הוא אמר בקול
"Gracias por ser tan cariñoso"
"תודה שאתה כל כך אכפתי"
"Le estoy sumamente agradecido por todos sus favores"
"אני מאוד מחויב לך על כל טובותיך"
El hombre amable bebió su chocolate.
האיש החביב שתה את השוקולד שלו
y luego fue a buscar su caballo
ואז הוא הלך לחפש את הסוס שלו
Pero en el jardín recordó la petición de Bella.
אבל בגן הוא נזכר בבקשת היופי
y cortó una rama de rosas

והוא כרת ענף של שושנים

Inmediatamente oyó un gran ruido

מיד שמע רעש גדול

y vio una bestia terriblemente espantosa

והוא ראה חיה נוראית

Estaba tan asustado que estaba a punto de desmayarse.

הוא כל כך פחד שהוא היה מוכן להתעלף

-Eres muy desagradecido -le dijo la bestia.

"אתה כפוי טובה מאוד", אמרה לו החיה

Y la bestia habló con voz terrible

והחיה דברה בקול נורא

"Te he salvado la vida al permitirte entrar en mi castillo"

"הצלתי את חייך בכך שהרשיתי לך להיכנס לטירה שלי"

"¿Y a cambio me robas mis rosas?"

"ובשביל זה אתה גונב את הוורדים שלי בתמורה?"

"Las rosas que valoro más que nada"

"הוורדים שאני מעריך מעבר לכל דבר"

"Pero morirás por lo que has hecho"

"אבל אתה תמות על מה שעשית"

"Sólo te doy un cuarto de hora para que te prepares"

"אני נותן לך רק רבע שעה להכין את עצמך"

"Prepárate para la muerte y di tus oraciones"

"תתכונן למוות ותגיד את תפילותיך"

El comerciante cayó de rodillas

הסוחר נפל על ברכיו

y alzó ambas manos

והוא הרים את שתי ידיו

"Mi señor, le ruego que me perdone"

"אדוני, אני מתחנן שתסלח לי"

"No tuve intención de ofenderte"

"לא הייתה לי כוונה להעליב אותך"

"Recogí una rosa para una de mis hijas"

"אספתי ורד לאחת מבנותיי"

"Ella me pidió que le trajera una rosa"

"היא ביקשה ממני להביא לה ורד"

-No soy tu señor, pero soy una bestia -respondió el monstruo.

"אני לא אדונך ,אבל אני בהמה ,"ענתה המפלצת

"No me gustan los cumplidos"

"אני לא אוהב מחמאות "

"Me gusta la gente que habla como piensa"

"אני אוהב אנשים שמדברים כמו שהם חושבים "

"No creas que me puedo conmover con halagos"

"אל תדמיין שאני יכול להתרגש מחנופה "

"Pero dices que tienes hijas"

"אבל אתה אומר שיש לך בנות "

"Te perdonaré con una condición"

"אסלח לך בתנאי אחד "

"Una de tus hijas debe venir voluntariamente a mi palacio"

"אחת מבנותיך חייבת לבוא לארמון שלי ברצון "

"y ella debe sufrir por ti"

"והיא חייבת לסבול בשבילך "

"Déjame tener tu palabra"

"תן לי לומר את המילה שלך "

"Y luego podrás continuar con tus asuntos"

"ואז אתה יכול להתעסק בעניינים שלך "

"Prométeme esto:"

"תבטיח לי את זה ":

"Si tu hija se niega a morir por ti, deberás regresar dentro de tres meses"

"אם בתך מסרבת למות עבורך ,עליך לחזור תוך שלושה חודשים "

El comerciante no tenía intenciones de sacrificar a sus hijas.

לסוחר לא היו כוונות להקריב את בנותיו

Pero, como le habían dado tiempo, quiso volver a ver a sus hijas.

אבל ,מכיוון שניתן לו זמן ,הוא רצה לראות את בנותיו פעם נוספת

Así que prometió que volvería.

אז הוא הבטיח שיחזור

Y la bestia le dijo que podía partir cuando quisiera.

ותאמר לו הבהמה שיצא לדרך כשירצה

y la bestia le dijo una cosa más

והחיה אמרה לו עוד דבר אחד

"No te irás con las manos vacías"

"לא תצא בידיים ריקות "

"Vuelve a la habitación donde yacías"

"חזור לחדר שבו שכבת "

"Verás un gran cofre del tesoro vacío"

"אתה תראה תיבת אוצר ריקה גדולה "

"Llena el cofre del tesoro con lo que más te guste"

"מלא את תיבת האוצר במה שאתה הכי אוהב "

"y enviaré el cofre del tesoro a tu casa"

"ואני אשלח את תיבת האוצר לביתך "

Y al mismo tiempo la bestia se retiró.

ובאותו זמן נסוגה החיה

"Bueno", se dijo el buen hombre.

"טוב ,"אמר האיש הטוב לעצמו

"Si tengo que morir, al menos dejaré algo a mis hijos"

"אם אצטרך למות ,לפחות אשאיר משהו לילדים שלי "

Así que regresó al dormitorio.

אז הוא חזר לחדר המיטה

y encontró una gran cantidad de piezas de oro

והוא מצא הרבה מאוד חתיכות זהב

Llenó el cofre del tesoro que la bestia había mencionado.

הוא מילא את תיבת האוצר שהחיה הזכירה

y sacó su caballo del establo

והוא הוציא את סוסו מהאורווה

La alegría que sintió al entrar al palacio ahora era igual al dolor que sintió al salir de él.

השמחה שחש כשנכנס לארמון הייתה שווה כעת לצער שחש ביציאה ממנו

El caballo tomó uno de los caminos del bosque.

הסוס לקח את אחת מדרכי היער

Y en pocas horas el buen hombre estaba en casa.

ותוך כמה שעות האיש הטוב היה בבית

Sus hijos vinieron a él
הילדים שלו באו אליו
Pero en lugar de recibir sus abrazos con placer, los miró.
אבל במקום לקבל את חיבוקיהם בהנאה, הוא הביט בהם
Levantó la rama que tenía en sus manos.
הוא הרים את הענף שהיה בידיו
y luego estalló en lágrimas
ואז הוא פרץ בבכי
"Belleza", dijo, "por favor toma estas rosas".
"יופי", הוא אמר, "בבקשה קח את הוורדים האלה "
"No puedes saber lo costosas que han sido estas rosas"
"אתה לא יכול לדעת כמה יקרו הוורדים האלה "
"Estas rosas le han costado la vida a tu padre"
"הורדים האלה עלו לאביך בחייו "
Y luego contó su fatal aventura.
ואז הוא סיפר על ההרפתקה הקטלנית שלו
Inmediatamente las dos hermanas mayores gritaron.
מיד צעקו שתי האחיות הגדולות
y le dijeron muchas cosas malas a su hermosa hermana
והם אמרו הרבה דברים רעים לאחותם היפה
Pero Bella no lloró en absoluto.
אבל היופי לא בכה בכלל
"Mirad el orgullo de ese pequeño desgraciado", dijeron.
"תראה את הגאווה של העלוב הקטן הזה", אמרו
"ella no pidió ropa fina"
"היא לא ביקשה בגדים משובחים "
"Ella debería haber hecho lo que hicimos"
"היא הייתה צריכה לעשות מה שעשינו "
"ella quería distinguirse"
"היא רצתה להבדיל את עצמה "
"Así que ahora ella será la muerte de nuestro padre"
"אז עכשיו היא תהיה מות אבינו "
"Y aún así no derrama ni una lágrima"
"ואף על פי כן היא לא מזילה דמעה "
"¿Por qué debería llorar?" respondió Bella

"למה לי לבכות? ענה יופי"
"Llorar sería muy innecesario"

"לבכות יהיה מיותר מאוד "
"mi padre no sufrirá por mí"

"אבא שלי לא יסבול בשבילי "
"El monstruo aceptará a una de sus hijas"

"המפלצת תקבל את אחת מבנותיו "
"Me ofreceré a toda su furia"

"אקריב את עצמי לכל חמתו "
"Estoy muy feliz, porque mi muerte salvará la vida de mi padre"

"אני שמח מאוד, כי מותי יציל את חייו של אבי "
"mi muerte será una prueba de mi amor"

"מותי יהיה הוכחה לאהבתי "
-No, hermana -dijeron sus tres hermanos.

"לא, אחות ,"אמרו שלושת אחיה
"Eso no será"

"זה לא יהיה "
"Iremos a buscar al monstruo"

"נלך למצוא את המפלצת "
"y o lo matamos..."

"ואו שנהרוג אותו "...
"...o pereceremos en el intento"

"או שנאבד בניסיון "...
"No imaginéis tal cosa, hijos míos", dijo el mercader.

"אל תדמיינו דבר כזה, בני ",אמר הסוחר
"El poder de la bestia es tan grande que no tengo esperanzas de que puedas vencerlo"

"כוחה של החיה כל כך גדול שאין לי תקווה שתוכל להתגבר עליו "
"Estoy encantado con la amable y generosa oferta de Bella"

"אני מוקסם מההצעה האדיבה והנדיבה של היופי "
"pero no puedo aceptar su generosidad"

"אבל אני לא יכול לקבל את הנדיבות שלה "

- 15 -

"Soy viejo y no me queda mucho tiempo de vida"

"אני זקן, ואין לי הרבה זמן לחיות"

"Así que sólo puedo perder unos pocos años"

"אז אני יכול להפסיד רק כמה שנים"

"Tiempo que lamento por vosotros, mis queridos hijos"

"זמן שאני מתחרט בשבילכם, ילדים יקרים שלי"

"Pero padre", dijo Bella

"אבל אבא", אמרה יופי

"No irás al palacio sin mí"

"לא תלך לארמון בלעדיי"

"No puedes impedir que te siga"

"אתה לא יכול למנוע ממני לעקוב אחריך"

Nada podría convencer a Bella de lo contrario.

שום דבר לא יכול לשכנע את היופי אחרת

Ella insistió en ir al bello palacio.

היא התעקשה ללכת לארמון המשובח

y sus hermanas estaban encantadas con su insistencia

ואחיותיה שמחו על התעקשותה

El comerciante estaba preocupado ante la idea de perder a su hija.

הסוחר היה מודאג מהמחשבה לאבד את בתו

Estaba tan preocupado que se había olvidado del cofre lleno de oro.

הוא היה כל כך מודאג ששכח מהחזה המלא בזהב

Por la noche se retiró a descansar y cerró la puerta de su habitación.

בלילה פרש למנוחה, וסגר את דלת חדרו

Entonces, para su gran asombro, encontró el tesoro junto a su cama.

ואז, לתדהמתו הגדולה, הוא מצא את האוצר ליד מיטתו

Estaba decidido a no contárselo a sus hijos.

הוא היה נחוש לא לספר לילדיו

Si lo supieran, hubieran querido regresar al pueblo.

אילו ידעו, הם היו רוצים לחזור לעיר

y estaba decidido a no abandonar el campo

והוא נחוש בדעתו לא לעזוב את הכפר

Pero él confió a Bella el secreto.

אבל הוא בטח ביופי עם הסוד

Ella le informó que dos caballeros habían llegado.

היא הודיעה לו שבאו שני אדונים

y le hicieron propuestas a sus hermanas

והציעו הצעות לאחיותיה

Ella le rogó a su padre que consintiera su matrimonio.

היא התחננה בפני אביה שיסכים לנישואיהם

y ella le pidió que les diera algo de su fortuna

והיא ביקשה ממנו לתת להם מהונו

Ella ya los había perdonado.

היא כבר סלחה להם

Las malvadas criaturas se frotaron los ojos con cebollas.

היצורים הרשעים שפכו את עיניהם בבצל

Para forzar algunas lágrimas cuando se separaron de su hermana.

לאלץ כמה דמעות כשהם נפרדו מאחותם

Pero sus hermanos realmente estaban preocupados.

אבל האחים שלה באמת היו מודאגים

Bella fue la única que no derramó ninguna lágrima.

היופי היה היחיד שלא הזיל דמעות

Ella no quería aumentar su malestar.

היא לא רצתה להגביר את אי הנוחות שלהם

El caballo tomó el camino directo al palacio.

הסוס לקח את הדרך הישירה אל הארמון

y hacia la tarde vieron el palacio iluminado

ולקראת ערב ראו את הארמון המואר

El caballo volvió a entrar solo en el establo.

הסוס לקח את עצמו שוב לאורווה

Y el buen hombre y su hija entraron en el gran salón.

והאיש הטוב ובתו נכנסו לאולם הגדול

Aquí encontraron una mesa espléndidamente servida.

כאן הם מצאו שולחן מוגש להפליא

El comerciante no tenía apetito para comer

לסוחר לא היה תיאבון לאכול

Pero Bella se esforzó por parecer alegre.

אבל היופי השתדל להיראות עליז

Ella se sentó a la mesa y ayudó a su padre.
היא התיישבה ליד השולחן ועזרה לאביה
Pero también pensó para sí misma:
אבל היא גם חשבה לעצמה :
"La bestia seguramente quiere engordarme antes de comerme"
"בהמה בוודאי רוצה להשמין אותי לפני שהיא אוכלת אותי "
"Por eso ofrece tanto entretenimiento"
"בגלל זה הוא מספק בידור בשפע "
Después de haber comido oyeron un gran ruido.
לאחר שאכלו שמעו רעש גדול
Y el comerciante se despidió de su desdichado hijo con lágrimas en los ojos.
והסוחר נפרד מילדו האומלל ,עם דמעות בעיניו
Porque sabía que la bestia venía
כי הוא ידע שהחיה באה
Bella estaba aterrorizada por su horrible forma.
היופי היה מבועת מצורתו הנוראה
Pero ella tomó coraje lo mejor que pudo.
אבל היא אזרה אומץ ככל יכולתה
Y el monstruo le preguntó si venía voluntariamente.
והמפלצת שאלה אותה אם היא באה ברצון
-Sí, he venido voluntariamente -dijo temblando.
"כן ,באתי מרצון ",היא אמרה רועדת
La bestia respondió: "Eres muy bueno"
החיה הגיבה" ,אתה טוב מאוד "
"Y te lo agradezco mucho, hombre honesto"
"ואני מאוד מחויב לך ,איש ישר "
"Continuad vuestro camino mañana por la mañana"
"לך בדרכך מחר בבוקר "
"Pero nunca pienses en venir aquí otra vez"
"אבל לעולם אל תחשוב לבוא לכאן שוב "
"Adiós bella, adiós bestia", respondió.
"פרידה יופי ,חיית פרידה ",הוא ענה
Y de inmediato el monstruo se retiró.

ומיד נסוגה המפלצת
"Oh, hija", dijo el comerciante.
"הו, בת ," אמר הסוחר
y abrazó a su hija una vez más
והוא חיבק את בתו פעם נוספת
"Estoy casi muerto de miedo"
"אני כמעט מפחד פחד מוות "
"Créeme, será mejor que regreses"
"תאמין לי, עדיף שתחזור "
"déjame quedarme aquí, en tu lugar"
"תן לי להישאר כאן, במקומך
—No, padre —dijo Bella con tono decidido.
"לא, אבא ," אמר יופי, בנימה נחרצת
"Partirás mañana por la mañana"
"אתה תצא לדרך מחר בבוקר "
"déjame al cuidado y protección de la providencia"
"תשאיר אותי לטיפול והגנת ההשגחה "
Aún así se fueron a la cama
בכל זאת הם הלכו לישון
Pensaron que no cerrarían los ojos en toda la noche.
הם חשבו שהם לא יעצמו את עיניהם כל הלילה
pero justo cuando se acostaron se durmieron
אבל בדיוק כשהם שכבו הם ישנו
Bella soñó que una bella dama se acercó y le dijo:
יופי חלם גברת יפה באה ואמרה לה :
"Estoy contento, bella, con tu buena voluntad"
"אני מרוצה, יופי, עם הרצון הטוב שלך "
"Esta buena acción tuya no quedará sin recompensa"
"פעולה טובה זו שלך לא תעבור ללא תגמול "
Bella se despertó y le contó a su padre su sueño.
היופי התעוררה וסיפרה לאביה את חלומה
El sueño ayudó a consolarlo un poco.
החלום עזר לנחם אותו מעט
Pero no pudo evitar llorar amargamente mientras se marchaba.
אבל הוא לא יכול היה שלא לבכות במרירות כשהוא עוזב

- 19 -

Tan pronto como se fue, Bella se sentó en el gran salón y lloró también.

ברגע שהלך, היופי התיישב באולם הגדול ובכה גם הוא

Pero ella decidió no sentirse inquieta.

אבל היא החליטה לא להיות לא רגועה

Ella decidió ser fuerte por el poco tiempo que le quedaba de vida.

היא החליטה להיות חזקה במשך הזמן המועט שנותר לה לחיות

Porque creía firmemente que la bestia la comería.

כי היא האמינה בתוקף שהחיה תאכל אותה

Sin embargo, pensó que también podría explorar el palacio.

עם זאת, היא חשבה שהיא עשויה גם לחקור את הארמון

y ella quería ver el hermoso castillo

והיא רצתה לראות את הטירה המשובחת

Un castillo que no pudo evitar admirar.

טירה שלא יכלה שלא להתפעל ממנה

Era un palacio deliciosamente agradable.

זה היה ארמון נעים להפליא

y ella se sorprendió muchísimo al ver una puerta

והיא הופתעה מאוד כשראתה דלת

Y sobre la puerta estaba escrito que era su habitación.

ומעל הדלת היה כתוב שזה החדר שלה

Ella abrió la puerta apresuradamente

היא פתחה את הדלת בחיפזון

y ella quedó completamente deslumbrada con la magnificencia de la habitación.

והיא די הייתה מסונוורת מהפאר של החדר

Lo que más le llamó la atención fue una gran biblioteca.

מה שמשך בעיקר את תשומת ליבה היה ספרייה גדולה

Un clavicémbalo y varios libros de música.

צ'מבלו וכמה ספרי נגינה

"Bueno", se dijo a sí misma.

"טוב", אמרה לעצמה

"Veo que la bestia no dejará que mi tiempo cuelgue pesadamente"

"אני רואה שהחיה לא תיתן לזמן שלי להיות כבד"
Entonces reflexionó sobre su situación.
ואז היא הרהרה לעצמה על מצבה
"Si me hubiera quedado un día, todo esto no estaría aquí"
"אם הייתי אמור להישאר יום כל זה לא היה כאן"
Esta consideración le inspiró nuevo coraje.
שיקול זה נתן לה השראה באומץ רענן
y tomó un libro de su nueva biblioteca
והיא לקחה ספר מהספרייה החדשה שלה
y leyó estas palabras en letras doradas:
והיא קראה את המילים האלה באותיות זהב:
"Bienvenida Bella, destierra el miedo"
"ברוך הבא יופי, הרחיק את הפחד"
"Eres reina y señora aquí"
"את המלכה והמאהבת כאן"
"Di tus deseos, di tu voluntad"
"אמר את משאלותיך, דבר את רצונך"
"Aquí la obediencia rápida cumple tus deseos"
"צייתנות מהירה עונה על משאלותיך כאן"
"¡Ay!", dijo ella con un suspiro.
"אוי ואבוי", אמרה באנחה
"Lo que más deseo es ver a mi pobre padre"
"יותר מהכל אני רוצה לראות את אבי המסכן"
"y me gustaría saber qué está haciendo"
"והייתי רוצה לדעת מה הוא עושה"
Tan pronto como dijo esto se dio cuenta del espejo.
ברגע שאמרה את זה היא הבחינה במראה
Para su gran asombro, vio su propia casa en el espejo.
לתדהמתה הגדולה ראתה את ביתה במראה
Su padre llegó emocionalmente agotado.
אביה הגיע מותש רגשית
Sus hermanas fueron a recibirlo
אחיותיה הלכו לפגוש אותו
A pesar de sus intentos de parecer tristes, su alegría era visible.

למרות ניסיונותיהם להיראות עצובים, שמחתם הייתה גלויה

Un momento después todo desapareció

כעבור רגע הכל נעלם

Y las aprensiones de Bella también desaparecieron.

וגם החששות של היופי נעלמו

porque sabía que podía confiar en la bestia

כי היא ידעה שהיא יכולה לסמוך על החיה

Al mediodía encontró la cena lista.

בצהריים היא מצאה ארוחת ערב מוכנה

Ella se sentó a la mesa

היא התיישבה בעצמה ליד השולחן

y se entretuvo con un concierto de música

והיא השתעשעה בקונצרט של מוזיקה

Aunque no podía ver a nadie

למרות שהיא לא יכלה לראות אף אחד

Por la noche se sentó a cenar otra vez

בלילה היא התיישבה שוב לארוחת ערב

Esta vez escuchó el ruido que hizo la bestia.

הפעם היא שמעה את הרעש שהשמיעה החיה

y ella no pudo evitar estar aterrorizada

והיא לא יכלה שלא להיות מבועתת

"belleza", dijo el monstruo

"יופי ",אמרה המפלצת

"¿Me permites comer contigo?"

"אתה מרשה לי לאכול איתך "?

"Haz lo que quieras", respondió Bella temblando.

"עשה כרצונך ",ענתה היופי רועדת

"No", respondió la bestia.

"לא ",ענתה החיה

"Sólo tú eres la señora aquí"

"את לבד היא פילגש כאן "

"Puedes despedirme si soy problemático"

"אתה יכול לשלוח אותי אם אני מטריד "

"Despídeme y me retiraré inmediatamente"

"שלח אותי משם ואני מיד אחזור בו "

-Pero dime, ¿no te parece que soy muy fea?

"אבל, תגיד לי, אתה לא חושב שאני מאוד מכוער?"
"Eso es verdad", dijo Bella.

"זה נכון", אמרה יופי
"No puedo decir una mentira"

"אני לא יכול לשקר"
"Pero creo que tienes muy buen carácter"

"אבל אני מאמין שאתה טוב מאוד"
"Sí, lo soy", dijo el monstruo.

"אני באמת", אמרה המפלצת
"Pero aparte de mi fealdad, tampoco tengo sentido"

"אבל חוץ מהכיעור שלי, גם אין לי שכל"
"Sé muy bien que soy una criatura tonta"

"אני יודע טוב מאוד שאני יצור טיפשי"
—No es ninguna locura pensar así —replicó Bella.

"אין זה סימן לאיוולתם לחשוב כך", ענה יופי
"Come entonces, bella", dijo el monstruo.

"אז תאכלי, יופי", אמרה המפלצת
"Intenta divertirte en tu palacio"

"נסה לשעשע את עצמך בארמון שלך"
"Todo aquí es tuyo"

"הכל כאן שלך"
"Y me sentiría muy incómodo si no fueras feliz"

"ואני אהיה מאוד לא רגוע אם לא היית מאושר"
-Eres muy servicial -respondió Bella.

"אתה מאוד מחייב", ענה יופי
"Admito que estoy complacido con su amabilidad"

"אני מודה שאני מרוצה מהאדיבות שלך"
"Y cuando considero tu bondad, apenas noto tus deformidades"

"וכשאני מתחשב בטוב לבך, אני בקושי מבחין בעיוותיך"
"Sí, sí", dijo la bestia, "mi corazón es bueno".

"כן, כן", אמרה החיה, "הלב שלי טוב"
"Pero aunque soy bueno, sigo siendo un monstruo"

"אבל למרות שאני טוב, אני עדיין מפלצת"

"Hay muchos hombres que merecen ese nombre más que tú"

"יש הרבה גברים שמגיע להם השם הזה יותר ממך"

"Y te prefiero tal como eres"

"ואני מעדיף אותך בדיוק כפי שאתה"

"y te prefiero más que a aquellos que esconden un corazón ingrato"

"ואני מעדיף אותך יותר מאשר אלה המסתירים לב כפוי טובה"

"Si tuviera algo de sentido común", respondió la bestia.

"לו רק היה לי קצת שכל", ענתה החיה

"Si tuviera sentido común, te haría un buen cumplido para agradecerte"

"אם היה לי הגיון הייתי נותן מחמאה יפה להודות לך"

"Pero soy tan aburrida"

"אבל אני כל כך משעמם"

"Sólo puedo decir que le estoy muy agradecido"

"אני רק יכול לומר שאני מאוד מחויב לך"

Bella comió una cena abundante

היופי אכל ארוחת ערב דשנה

y ella casi había superado su miedo al monstruo

והיא כמעט כבשה את אימתה מהמפלצת

Pero ella quería desmayarse cuando la bestia le hizo la siguiente pregunta.

אבל היא רצתה להתעלף כשהחיה שאלה אותה את השאלה הבאה

"Belleza, ¿quieres ser mi esposa?"

"יופי, האם תהיי אשתי?"

Ella tardó un tiempo antes de poder responder.

לקח לה זמן עד שהספיקה לענות

Porque tenía miedo de hacerlo enojar

כי היא פחדה לכעוס אותו

Al final, sin embargo, dijo: "No, bestia".

אבל לבסוף היא אמרה" לא, בהמה "

Inmediatamente el pobre monstruo silbó muy espantosamente.

מיד סיננה המפלצת המסכנה בצורה מפחידה מאוד

y todo el palacio hizo eco

וכל הארמון הדהד

Pero Bella pronto se recuperó de su susto.

אבל היופי התאושש במהרה מפחדה

porque la bestia volvió a hablar con voz triste

כי חיה דיברה שוב בקול עגום

"Entonces adiós, belleza"

"אז להתראות, יופי"

y sólo se volvía de vez en cuando

והוא רק הסתובב לאחור מדי פעם

mirarla mientras salía

להסתכל עליה כשהוא יצא

Ahora Bella estaba sola otra vez

עכשיו היופי שוב היה לבד

Ella sintió mucha compasión

היא חשה מידה רבה של חמלה

"Ay, es una lástima"

"אוי ואבוי, זה אלף רחמים"

"algo tan bueno no debería ser tan feo"

"כל דבר כל כך טוב לא צריך להיות כל כך מכוער"

Bella pasó tres meses muy contenta en palacio.

היופי בילה שלושה חודשים בסיפוק רב בארמון

Todas las noches la bestia le hacía una visita.

כל ערב ביקרה אותה החיה

y hablaron durante la cena

והם דיברו בסעודה

Hablaban con sentido común

הם דיברו בהיגיון בריא

Pero no hablaban con lo que la gente llama ingenio.

אבל הם לא דיברו עם מה שאנשים מכנים עדות

Bella siempre descubre algún carácter valioso en la bestia.

היופי תמיד גילה איזו דמות בעלת ערך בחיה

y ella se había acostumbrado a su deformidad

והיא התרגלה לעיוות שלו

Ella ya no temía el momento de su visita.

היא לא חששה יותר מזמן הביקור שלו

Ahora a menudo miraba su reloj.

כעת היא הסתכלה לעתים קרובות בשעון שלה
y ella no podía esperar a que fueran las nueve en punto
והיא לא יכלה לחכות שהשעה תהיה תשע
Porque la bestia nunca dejaba de venir a esa hora
כי החיה לא החמיצה לבוא באותה שעה
Sólo había una cosa que preocupaba a Bella.
היה רק דבר אחד שנגע ביופי
Todas las noches antes de irse a dormir la bestia le hacía la misma pregunta.
כל ערב לפני שהיא הלכה לישון, החיה שאלה אותה את אותה שאלה
El monstruo le preguntó si sería su esposa.
המפלצת שאלה אותה אם היא תהיה אשתו
Un día ella le dijo: "bestia, me pones muy nerviosa"
יום אחד היא אמרה לו", בהמה, אתה מדאיג אותי מאוד "
"Me gustaría poder consentir en casarme contigo"
"הלוואי שיכולתי להסכים להתחתן איתך "
"Pero soy demasiado sincero para hacerte creer que me casaría contigo"
"אבל אני כן מכדי לגרום לך להאמין שאתחתן איתך "
"nuestro matrimonio nunca se realizará"
"הנישואים שלנו לעולם לא יקרו "
"Siempre te veré como un amigo"
"תמיד אראה אותך כחבר "
"Por favor, trate de estar satisfecho con esto"
"אנא נסה להיות מרוצה מזה "
"Debo estar satisfecho con esto", dijo la bestia.
"אני חייב להיות מרוצה מזה ",אמרה החיה
"Conozco mi propia desgracia"
"אני יודע את המזל שלי "
"pero te amo con el más tierno cariño"
"אבל אני אוהב אותך בחיבה העדינה ביותר "
"Sin embargo, debo considerarme feliz"
"עם זאת, אני צריך להחשיב את עצמי כמאושר "
"Y me alegraría que te quedaras aquí"

"ואני צריך להיות שמח שאתה תישאר כאן "
"Prométeme que nunca me dejarás"
"תבטיח לי לעולם לא לעזוב אותי "
Bella se sonrojó ante estas palabras.
היופי הסמיק למילים האלה
Un día Bella se estaba mirando en el espejo.
יום אחד היופי הסתכלה במראה שלה
Su padre se había preocupado muchísimo por ella.
אביה דאג שהוא חולה בשבילה
Ella anhelaba verlo de nuevo más que nunca.
היא השתוקקה לראות אותו שוב יותר מתמיד
"Podría prometerte que nunca te abandonaré por completo"
"יכולתי להבטיח לעולם לא לעזוב אותך לגמרי "
"Pero tengo un deseo tan grande de ver a mi padre"
"אבל יש לי כל כך רצון לראות את אבי "
"Me molestaría muchísimo si dijeras que no"
"אני אהיה מוטרד אם תגיד לא "
"Preferiría morir yo mismo", dijo el monstruo.
"הייתי מעדיפה למות בעצמי ",אמרה המפלצת
"Prefiero morir antes que hacerte sentir incómodo"
"אני מעדיף למות מאשר לגרום לך להרגיש אי שקט "
"Te enviaré con tu padre"
"אני אשלח אותך לאביך "
"permanecerás con él"
"אתה תישאר איתו "
"y esta desafortunada bestia morirá de pena en su lugar"
"והחיה האומללה הזו תמות בצער במקום "
"No", dijo Bella, llorando.
"לא ",אמרה יפהפייה ובוכה
"Te amo demasiado para ser la causa de tu muerte"
"אני אוהב אותך יותר מדי מכדי להיות הגורם למוות שלך "
"Te doy mi promesa de regresar en una semana"
"אני נותן לך את ההבטחה שלי לחזור בעוד שבוע "
"Me has demostrado que mis hermanas están casadas"

"הראית לי שהאחיות שלי נשואות "
"y mis hermanos se han ido al ejército"
"והאחים שלי הלכו לצבא "
"déjame quedarme una semana con mi padre, ya que está solo"
"תן לי להישאר שבוע עם אבי, כי הוא לבד "
"Estarás allí mañana por la mañana", dijo la bestia.
"אתה תהיה שם מחר בבוקר ",אמרה החיה
"pero recuerda tu promesa"
"אבל זכור את ההבטחה שלך "
"Solo tienes que dejar tu anillo sobre una mesa antes de irte a dormir"
"אתה צריך רק להניח את הטבעת שלך על שולחן לפני שאתה הולך לישון "
"Y luego serás traído de regreso antes de la mañana"
"ואז יחזירו אותך לפני הבוקר "
"Adiós querida belleza", suspiró la bestia.
"פרידה יפהפייה יקרה ",נאנחה החיה
Bella se fue a la cama muy triste esa noche.
היופי הלך לישון עצוב מאוד באותו לילה
Porque no quería ver a la bestia tan preocupada.
כי היא לא רצתה לראות את החיה מודאגת כל כך
A la mañana siguiente se encontró en la casa de su padre.
למחרת בבוקר היא מצאה את עצמה בבית אביה
Ella hizo sonar una campanita junto a su cama.
היא צלצלה בפעמון קטן ליד מיטתה
y la criada dio un grito fuerte
והעוזרת צעקה בקול רם
y su padre corrió escaleras arriba
ואביה רץ למעלה
Él pensó que iba a morir de alegría.
הוא חשב שהוא עומד למות משמחה
La sostuvo en sus brazos durante un cuarto de hora.
הוא החזיק אותה בזרועותיו במשך רבע שעה
Finalmente los primeros saludos terminaron.
בסופו של דבר הסתיימו הברכות הראשונות

Bella empezó a pensar en levantarse de la cama.
היופי התחיל לחשוב על לקום מהמיטה
pero se dio cuenta de que no había traído ropa
אבל היא הבינה שהיא לא הביאה בגדים
pero la criada le dijo que había encontrado una caja
אבל המשרתת אמרה לה שמצאה קופסה
El gran baúl estaba lleno de vestidos y batas.
תא המטען הגדול היה מלא בשמלות ושמלות
Cada vestido estaba cubierto de oro y diamantes.
כל שמלה הייתה מכוסה בזהב ויהלומים
Bella agradeció a la Bestia por su amable atención.
היופי הודה לחיות על הטיפול האדיב שלו
y tomó uno de los vestidos más sencillos
והיא לקחה את אחת השמלות הפשוטות ביותר
Ella tenía la intención de regalar los otros vestidos a sus hermanas.
היא התכוונה לתת את השמלות האחרות לאחיותיה
Pero ante ese pensamiento el arcón de ropa desapareció.
אבל באותו מחשבה נעלמה שידת הבגדים
La bestia había insistido en que la ropa era solo para ella.
החיה התעקשה שהבגדים מיועדים לה בלבד
Su padre le dijo que ese era el caso.
אביה אמר לה שזה המצב
Y enseguida volvió el baúl de la ropa.
ומיד חזר שוב תא הבגדים
Bella se vistió con su ropa nueva
היפהפייה התלבשה בבגדיה החדשים
Y mientras tanto las doncellas fueron a buscar a sus hermanas.
ובינתיים הלכו משרתות למצוא את אחיותיה
Ambas hermanas estaban con sus maridos.
שתי אחותה היו עם בעליהם
Pero sus dos hermanas estaban muy infelices.
אבל שתי אחיותיה היו מאוד אומללות
Su hermana mayor se había casado con un caballero muy guapo.
אחותה הבכורה התחתנה עם ג'נטלמן נאה מאוד

Pero estaba tan enamorado de sí mismo que descuidó a su esposa.

אבל הוא כל כך אהב את עצמו שהוא הזניח את אשתו

Su segunda hermana se había casado con un hombre ingenioso.

אחותה השנייה התחתנה עם גבר שנון

Pero usó su ingenio para atormentar a la gente.

אבל הוא השתמש בעדינותו כדי לייסר אנשים

Y atormentaba a su esposa sobre todo.

והוא ייסר את אשתו יותר מכל

Las hermanas de Bella la vieron vestida como una princesa

האחיות של היופי ראו אותה לבושה כמו נסיכה

y se enfermaron de envidia

והם חלו בקנאה

Ahora estaba más bella que nunca

עכשיו היא הייתה יפה מתמיד

Su comportamiento cariñoso no pudo sofocar sus celos.

התנהגותה החיבה לא יכלה לחנוק את קנאתם

Ella les contó lo feliz que estaba con la bestia.

היא סיפרה להם כמה היא שמחה עם החיה

y sus celos estaban a punto de estallar

וקנאתם הייתה מוכנה להתפוצץ

Bajaron al jardín a llorar su desgracia.

הם ירדו לגן לבכות על המזל שלהם

"¿En qué sentido esta pequeña criatura es mejor que nosotros?"

"באיזה אופן היצור הקטן הזה טוב מאיתנו"?

"¿Por qué debería estar mucho más feliz?"

"למה היא צריכה להיות כל כך הרבה יותר שמחה"?

"Hermana", dijo la hermana mayor.

"אחותי", אמרה האחות הגדולה

"Un pensamiento acaba de golpear mi mente"

"מחשבה בדיוק עלתה במוחי"

"Intentemos mantenerla aquí más de una semana"

"בוא ננסה להשאיר אותה כאן יותר משבוע"

"Quizás esto enfurezca al tonto monstruo"

"אולי זה יכעיס את המפלצת המטופשת"

"porque ella hubiera faltado a su palabra"

"כי היא הייתה שוברת את המילה שלה"

"y entonces podría devorarla"

"ואז הוא עלול לטרוף אותה"

"Esa es una gran idea", respondió la otra hermana.

"זה רעיון מצוין", ענתה האחות השנייה

"Debemos mostrarle la mayor amabilidad posible"

"אנחנו חייבים להראות לה כמה שיותר טוב לב"

Las hermanas tomaron esta resolución

האחיות החליטו על כך

y se comportaron con mucho cariño con su hermana

והם התנהגו בחיבה רבה לאחותם

La pobre belleza lloró de alegría por toda su bondad.

היופי המסכן בכה משמחה מכל טוב לבם

Cuando la semana se cumplió, lloraron y se arrancaron el pelo.

כשהשבוע תם, הם בכו וקרעו את שיערם

Parecían muy apenados por separarse de ella.

הם נראו כל כך מצטערים להיפרד ממנה

y Bella prometió quedarse una semana más

והיופי הבטיח להישאר שבוע יותר

Mientras tanto, Bella no pudo evitar reflexionar sobre sí misma.

בינתיים, היופי לא יכלה שלא להרהר בעצמה

Ella se preocupaba por lo que le estaba haciendo a la pobre bestia.

היא דאגה מה היא עושה לחיה המסכנה

Ella sabía que lo amaba sinceramente.

היא יודעת שהיא אהבה אותו בכנות

Y ella realmente anhelaba verlo otra vez.

והיא באמת השתוקקה לראות אותו שוב

La décima noche también la pasó en casa de su padre.

גם את הלילה העשירי שהיא בילתה אצל אביה

Ella soñó que estaba en el jardín del palacio.

היא חלמה שהיא בגן הארמון
y soñó que veía a la bestia extendida sobre la hierba
והיא חלמה שראתה את החיה מורחבת על הדשא
Parecía reprocharle con voz moribunda
הוא כאילו נזף בה בקול גוסס
y la acusó de ingratitud
והוא האשים אותה בחוסר תודה
Bella se despertó de su sueño.
היופי התעוררה משנתה
y ella estalló en lágrimas
והיא פרצה בבכי
"¿No soy muy malvado?"
"האם אני לא מאוד רשע?"
"¿No fue cruel de mi parte actuar tan cruelmente con la bestia?"
"האם זה לא היה אכזרי מצידי להתנהג בצורה כל כך לא טובה כלפי החיה?"
"La bestia hizo todo lo posible para complacerme"
"בהמה עשתה הכל כדי לרצות אותי"
-¿Es culpa suya que sea tan feo?
"האם זו אשמתו שהוא כל כך מכוער?"
¿Es culpa suya que tenga tan poco ingenio?
"האם זו אשמתו שיש לו כל כך מעט שנינות?"
"Él es amable y bueno, y eso es suficiente"
"הוא אדיב וטוב, וזה מספיק"
"¿Por qué me negué a casarme con él?"
"למה סירבתי להתחתן איתו?"
"Debería estar feliz con el monstruo"
"אני צריך להיות שמח עם המפלצת"
"Mira los maridos de mis hermanas"
"תסתכל על הבעלים של האחיות שלי"
"ni el ingenio ni la belleza los hacen buenos"
"לא עדות, ולא ישות נאה עושה אותם טובים"
"Ninguno de sus maridos las hace felices"
"אף אחד מהבעלים שלהם לא משמח אותם"

"pero virtud, dulzura de carácter y paciencia"

"אבל סגולה, מתיקות מזג וסבלנות"

"Estas cosas hacen feliz a una mujer"

"הדברים האלה עושים אישה מאושרת"

"y la bestia tiene todas estas valiosas cualidades"

"ולחיה יש את כל התכונות החשובות האלה"

"Es cierto; no siento la ternura del afecto por él"

"זה נכון; אני לא מרגיש את העדינות של החיבה אליו"

"Pero encuentro que tengo la más alta gratitud por él"

"אבל אני מוצא שיש לי את הכרת הטוב הגבוהה ביותר עבורו"

"y tengo por él la más alta estima"

"ואני מעריך אותו הכי גבוה"

"y él es mi mejor amigo"

"והוא החבר הכי טוב שלי"

"No lo haré miserable"

"אני לא אעשה אותו אומלל"

"Si fuera tan desagradecido nunca me lo perdonaría"

"אם הייתי כל כך כפוי טובה, לעולם לא הייתי סולח לעצמי"

Bella puso su anillo sobre la mesa.

היופי הניחה את הטבעת שלה על השולחן

y ella se fue a la cama otra vez

והיא שוב הלכה לישון

Apenas estaba en la cama cuando se quedó dormida.

מעט היא הייתה במיטה לפני שנרדמה

Ella se despertó de nuevo a la mañana siguiente.

היא התעוררה שוב למחרת בבוקר

Y ella estaba muy contenta de encontrarse en el palacio de la bestia.

והיא שמחה מאוד למצוא את עצמה בארמון החיה

Ella se puso uno de sus vestidos más bonitos para complacerlo.

היא לבשה את אחת השמלות הכי יפות שלה כדי לרצות אותו

y ella esperó pacientemente la tarde

והיא חיכתה בסבלנות לערב

llegó la hora deseada

הגיעה השעה המיוחלת

El reloj dio las nueve, pero ninguna bestia apareció
השעון צלצל בתשע, ובכל זאת שום חיה לא הופיעה
Bella entonces temió haber sido la causa de su muerte.
היופי חשש אז שהיא הייתה הסיבה למותו
Ella corrió llorando por todo el palacio.
היא רצה בוכה מסביב לארמון
Después de haberlo buscado por todas partes, recordó su sueño.
לאחר שחיפשה אותו בכל מקום, היא נזכרה בחלומה
y ella corrió hacia el canal en el jardín
והיא רצה אל התעלה שבגן
Allí encontró a la pobre bestia tendida.
שם היא מצאה חיה מסכנה פרושה
y estaba segura de que lo había matado
והיא הייתה בטוחה שהיא הרגה אותו
Ella se arrojó sobre él sin ningún temor.
היא השליכה את עצמה עליו ללא כל פחד
Su corazón todavía latía
הלב שלו עדיין הלם
Ella fue a buscar un poco de agua al canal.
היא הביאה מעט מים מהתעלה
y derramó el agua sobre su cabeza
והיא שפכה את המים על ראשו
La bestia abrió los ojos y le habló a Bella.
החיה פקחה את עיניו ודיברה אל היופי
"Olvidaste tu promesa"
" שכחת את ההבטחה שלך "
"Me rompió el corazón haberte perdido"
" כל כך נשבר לי הלב שאיבדתי אותך "
"Resolví morirme de hambre"
" החלטתי להרעיב את עצמי "
"pero tengo la felicidad de verte una vez más"
" אבל יש לי את האושר לראות אותך פעם נוספת "
"Así tengo el placer de morir satisfecho"
" אז יש לי את העונג למות מרוצה "
"No, querida bestia", dijo Bella, "no debes morir".

"לא, חיה יקרה," אמרה יפהפיה, "אסור לך למות"
"Vive para ser mi marido"
"חי להיות בעלי"
"Desde este momento te doy mi mano"
"מהרגע הזה אני נותן לך את ידי"
"Y juro no ser nadie más que tuyo"
"ואני נשבע שלא אהיה מלבדך"
"¡Ay! Creí que sólo tenía una amistad para ti"
"אוי ואבוי! חשבתי שיש לי רק ידידות בשבילך"
"Pero el dolor que ahora siento me convence;"
"אבל הצער שאני חש כעת משכנע אותי;"
"No puedo vivir sin ti"
"אני לא יכול לחיות בלעדיך"
Bella apenas había dicho estas palabras cuando vio una luz.
יופי כמעט לא אמרה את המילים האלה כשראתה אור
El palacio brillaba con luz
הארמון נוצץ באור
Los fuegos artificiales iluminaron el cielo
זיקוקים האירו את השמים
y el aire se llenó de música
והאוויר התמלא במוזיקה
Todo daba aviso de algún gran acontecimiento
הכל הודיע על איזה אירוע גדול
Pero nada podía captar su atención.
אבל שום דבר לא הצליח לעצור את תשומת לבה
Ella se volvió hacia su querida bestia.
היא פנתה אל החיה היקרה שלה
La bestia por la que ella temblaba de miedo
החיה שבשבילה רעדה מפחד
¡Pero su sorpresa fue grande por lo que vio!
אבל ההפתעה שלה הייתה גדולה ממה שהיא ראתה!
La bestia había desaparecido
החיה נעלמה
En cambio, vio al príncipe más encantador.
במקום זאת היא ראתה את הנסיך היפה ביותר

Ella había puesto fin al hechizo.

היא שמה קץ ללחש

Un hechizo bajo el cual se parecía a una bestia.

כישוף שבו הוא דומה לבהמה

Este príncipe era digno de toda su atención.

הנסיך הזה היה ראוי לכל תשומת לבה

Pero no pudo evitar preguntar dónde estaba la bestia.

אבל היא לא יכלה שלא לשאול איפה החיה

"Lo ves a tus pies", dijo el príncipe.

"אתה רואה אותו לרגליך", אמר הנסיך

"Un hada malvada me había condenado"

" פיה מרושעת גינתה אותי "

"Debía permanecer en esa forma hasta que una hermosa princesa aceptara casarse conmigo"

"הייתי צריך להישאר במצב הזה עד שנסיכה יפה הסכימה להתחתן איתי "

"El hada ocultó mi entendimiento"

" הפיה הסתירה את ההבנה שלי "

"Fuiste el único lo suficientemente generoso como para quedar encantado con la bondad de mi temperamento"

"היית היחיד הנדיב מספיק כדי להיות מוקסם מטוב המזג שלי "

Bella quedó felizmente sorprendida

היופי הופתע בשמחה

Y le dio la mano al príncipe encantador.

והיא נתנה לנסיך המקסים את ידה

Entraron juntos al castillo

הם נכנסו יחד לטירה

Y Bella se alegró mucho al encontrar a su padre en el castillo.

והיופי שמח מאוד למצוא את אביה בטירה

y toda su familia estaba allí también

וכל המשפחה שלה גם הייתה שם

Incluso Bella dama que apareció en su sueño estaba allí.

אפילו הגברת היפה שהופיעה בחלומה הייתה שם

"Belleza", dijo la dama del sueño.

"יופי ", אמרה הגברת מהחלום

"ven y recibe tu recompensa"
"בוא וקבל את הפרס שלך"
"Has preferido la virtud al ingenio o la apariencia"
"העדפת מעלה על שנינות או מראה"
"Y tú mereces a alguien en quien se unan estas cualidades"
"ומגיע לך מישהו שהתכונות הללו מאוחדות בו"
"vas a ser una gran reina"
"את הולכת להיות מלכה גדולה"
"Espero que el trono no disminuya vuestra virtud"
"אני מקווה שהכס לא יפחית את מעלתך"
Entonces el hada se volvió hacia las dos hermanas.
ואז פנתה הפיה לשתי האחיות
"He visto dentro de vuestros corazones"
"ראיתי בתוך לבבך"
"Y sé toda la malicia que contienen vuestros corazones"
"ואני יודע את כל הזדון שהלב שלך מכיל"
"Ustedes dos se convertirán en estatuas"
"שניכם תהפכו לפסלים"
"pero mantendréis vuestras mentes"
"אבל אתה תשמור על דעתך"
"estarás a las puertas del palacio de tu hermana"
"תעמוד בשערי ארמון אחותך"
"La felicidad de tu hermana será tu castigo"
"האושר של אחותך יהיה העונש שלך"
"No podréis volver a vuestros antiguos estados"
"לא תוכל לחזור למדינותיך לשעבר"
"A menos que ambos admitan sus errores"
"אלא אם כן, שניכם מודים בטעויותיכם"
"Pero preveo que siempre permaneceréis como estatuas"
"אבל אני צופה שתמיד תישארו פסלים"
"El orgullo, la ira, la gula y la ociosidad a veces se vencen"
"גאווה, כעס, גרגרנות ובטלה נכבשים לפעמים"
" pero la conversión de las mentes envidiosas y maliciosas

son milagros"

"אבל ההמרה של מוחות קנאים וזדוניים הם ניסים"

Inmediatamente el hada dio un golpe con su varita.

מיד הפיה נתנה שבץ עם השרביט שלה

Y en un momento todos los que estaban en el salón
fueron transportados.

ותוך רגע הועברו כל שהיו באולם

Habían entrado en los dominios del príncipe.

הם נכנסו למחוזותיו של הנסיך

Los súbditos del príncipe lo recibieron con alegría.

נתיניו של הנסיך קיבלו אותו בשמחה

El sacerdote casó a Bella y la bestia

הכומר התחתן עם היפה והחיה

y vivió con ella muchos años

והוא חי איתה שנים רבות

y su felicidad era completa

ואושרם היה שלם

porque su felicidad estaba fundada en la virtud

כי האושר שלהם הושתת על סגולה

El fin
הסוף

www.tranzlaty.com

www.ingramcontent.com/pod-product-compliance
Lightning Source LLC
Chambersburg PA
CBHW011555070526
44585CB00023B/2616
* 9 7 8 1 8 0 5 7 2 0 7 9 9 *